COME DISEGNARE

101

DISEGNI CARINI DI NATALE

IMPARARE A DISEGNARE PASSO DOPO PASSO NON È MAI STATO COSÌ DIVERTENTE.

CREA E COLORA 101 DISEGNI PER BAMBINI E PER TUTTI GLI AMANTI DELLE COSE CARINE.

SUGGERIMENTI PER UTILIZZARE QUESTO LIBRO

1. Mantenere una corretta postura, con schiena ben appoggiata allo schienale della sedia.

2. Prepara una matita e una gomma; a seconda dei tuoi stili, puoi anche usare pennarelli o penne.

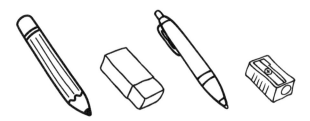

3. Quando si disegna, i primi tratti dovrebbero essere leggeri in modo che possano essere facilmente corretti nel caso ci fossero errori.

4. Disegna secondo le istruzioni seguendo le frecce, quindi completa il tuo lavoro nella sezione PROVA TU di ogni pagina.

5. Dopo aver terminato un disegno, puoi colorarlo come preferisci.

IL FACCIONE DEL PUPAZZO DI NEVE

START

PROVA TU

RENNA

START

PROVA TU

CALZA DI NATALE

START

PROVA TU

PALLA DI NATALE

START

PROVA TU

GUFETTO

START

PROVA TU

PUPAZZO DI NEVE

START

PROVA TU

BASTONCINO DI ZUCCHERO

START

PROVA TU

CAMPANELLA

START

PROVA TU

OMINO DI MARZAPANE

START

PROVA TU

REGALO

START

PROVA TU

CIOCCOLATA CALDA

START

PROVA TU

DOLCETTO
DI NATALE

START

PROVA TU

PALLE
DI NATALE

START

PROVA TU

MAGLIONE CALDO

START

PROVA TU

GUANTO DA NEVE

START

PROVA TU

PUNGITOPO

START

PROVA TU

PACCO REGALO

START

PROVA TU

BABBO NATALE

START

PROVA TU

MACCHININA

START

PROVA TU

OMINO DI MARZAPANE

START

PROVA TU

BABBO NATALE
PATTINATORE

START

PROVA TU

L'ELFO DI BABBO NATALE

START

PROVA TU

GATTINO DI NATALE

START

PROVA TU

CALZA DI NATALE

START

PROVA TU

CANDELA

START

PROVA TU

BABBO NATALE

START

PROVA TU

PALLA DI NATALE
PINGUINO

START

PROVA TU

BABBO NATALE

START

PROVA TU

CORONA Di NATALE

START

PROVA TU

PACCO REGALO

START

PROVA TU

RENNA

START

PROVA TU

ANGIOLETTO

START

PROVA TU

DOLCETTO DI NATALE

START

PROVA TU

PATTINI
DA GHIACCIO

START

PROVA TU

L'ELFO DI BABBO NATALE

START

PROVA TU

PINGUINO

START

PROVA TU

CANDELA DI NATALE

START

PROVA TU

CASETTA DI MARZAPANE

START

PROVA TU

ANGIOLETTO

START

PROVA TU

PUPAZZO DI NEVE

START

PROVA TU

BIMBO ELFO

START

PROVA TU

OMINO DI MARZAPANE

START

PROVA TU

CAGNOLINO

START

PROVA TU

GATTINO

START

PROVA TU

CAMPANE DI NATALE

START

PROVA TU

PALLA DI NATALE

START

PROVA TU

PUPAZZO DI NEVE

START

PROVA TU

L'ELFO DI BABBO NATALE

START

PROVA TU

START

BABBO NATALE

PROVA TU

PICCOLO KOALA

START

PROVA TU

ALBERO DI NATALE

START

PROVA TU

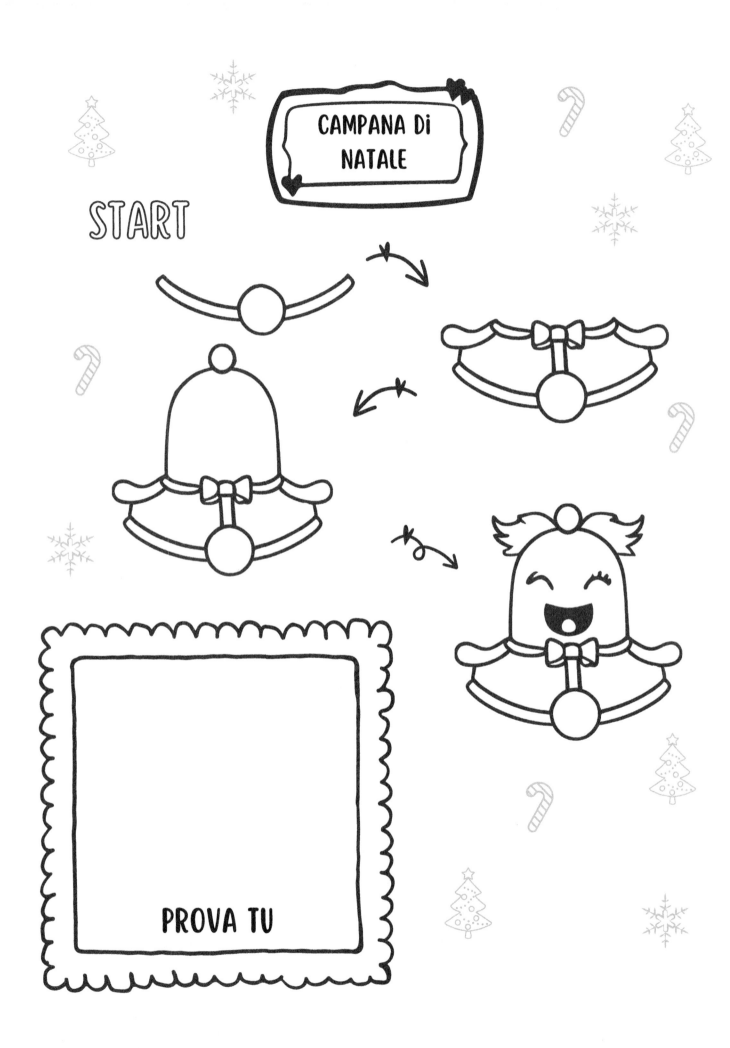

CAMPANA DI NATALE

START

PROVA TU

RENNA DI
BABBO NATALE

START

PROVA TU

ALBERO DI NATALE

START

PROVA TU

BABBO NATALE

START

PROVA TU

CAPPELLO DA ELFO

START

PROVA TU

CAMPANA DI NATALE

START

PROVA TU

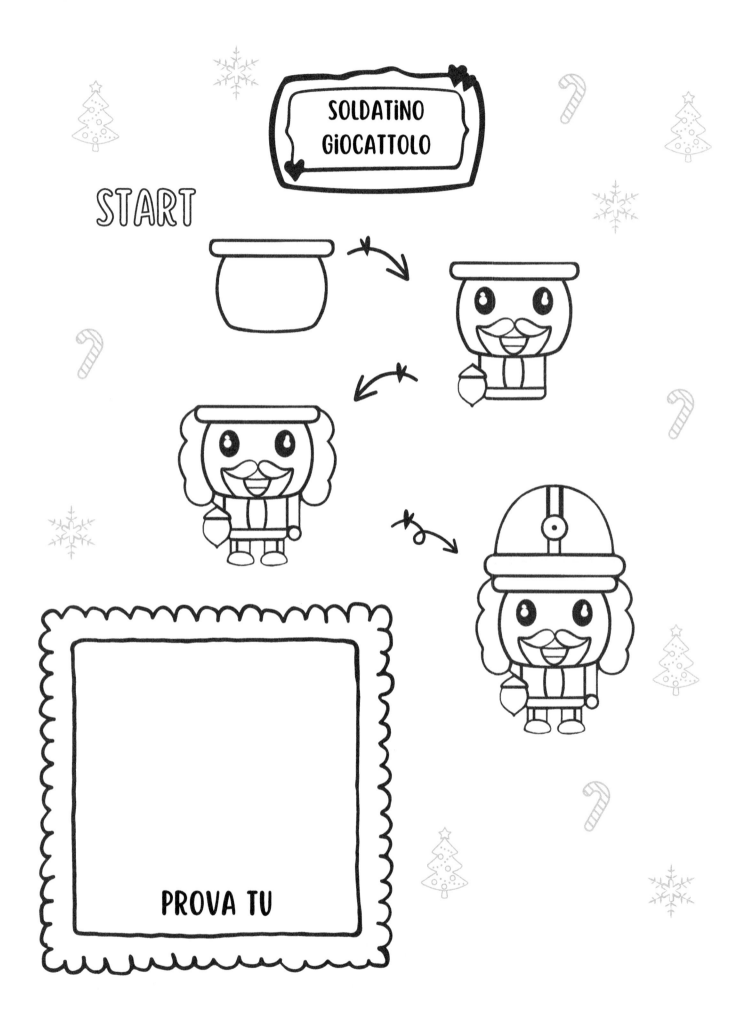

SOLDATINO
GIOCATTOLO

START

PROVA TU

CALZA PIENA
DI REGALI

START

PROVA TU

CUCCIOLO DI RENNA

START

PROVA TU

PALLA DI NATALE

START

PROVA TU

PULCINO
FREDDOLOSO

START

PROVA TU

ORSETTO FREDDOLOSO

START

PROVA TU

BABBO NATALE

START

PROVA TU

RENNA

START

PROVA TU

BAMBINA CHE CANTA

START

PROVA TU

DINOSAURO DI NATALE

START

PROVA TU

GIRAFFA DI NATALE

START

PROVA TU

KOALA DI NATALE

START

PROVA TU

GATTINO DI NATALE

START

PROVA TU

PINGUINO
CICCIONE

START

PROVA TU

MINI-ALBERELLO
DI NATALE

START

PROVA TU

CUCCIOLO DI KOALA DI NATALE

START

PROVA TU

UNICORNO DI NATALE

START

PROVA TU

KOALA FELICE

START

PROVA TU

UNICORNO DI NATALE

START

PROVA TU

PICCOLO KOALA

START

PROVA TU

TORTA DI NATALE

START

PROVA TU

RENNA

START

PROVA TU

L'ELFO DI BABBO NATALE

START

PROVA TU

CORONA DI NATALE

START

PROVA TU

CALZA PIENA DI DOLCETTI

START

PROVA TU

ORSETTO

START

PROVA TU

BAMBOLINA DI NATALE

START

PROVA TU

PINGUINO
FREDDOLOSO

START

PROVA TU

ORSETTO
FREDDOLOSO

START

PROVA TU

RENNA
FREDDOLOSA

START

PROVA TU

PANDA
FREDDOLOSO

START

PROVA TU

PUPAZZO DI NEVE

START

PROVA TU

BASTONCINO DI ZUCCHERO

START

PROVA TU

PRESEPE

START

PROVA TU

Printed by Amazon Italia Logistica S.r.l.
Torrazza Piemonte (TO), Italy

54755113R00058